BPM

Buenas Prácticas de Manufactura

Carlos H Hernández

BPM

Guía Práctica

Primera edición en Español, 2018

Serie: Sistemas de Gestión

ISBN-13: 978-1792728563

Contenido

Introducción.

Hoy en día las organizaciones de todos los sectores de la economía, tienen como meta aumentar su eficiencia en todos sus procesos. Disminuir los desperdicios es una vía que aporta significativos ahorros a las organizaciones y por consiguiente se ven incrementadas sus utilidades. Las Buenas Prácticas de Manufactura o Buenas Prácticas Operativas, por llamarlas de forma más genérica, son un conjunto de herramientas que ayudan a identificar los riesgos y por ende controlarlos para lograr disminuir los impactos negativos, que puedan ocasionar desviaciones en los procesos y, dar como resultado productos o servicios no conformes con los requerimientos establecidos. Estas desviaciones en los procesos son las causas de los desperdicios.

Las BPM (Buenas Prácticas de Manufactura) como las llamaremos en este texto, ayudan a crear conciencia en el personal que participa en la elaboración de los productos o servicios; generan una cultura y disciplina preventiva y así las organizaciones se pueden anticipar a las posibles desviaciones de los procesos. La estandarización de las prácticas conseguidas a través del mejoramiento continuo ha dado como resultado la aceptación general de las BPM.

La industria de los alimentos y la del empaque, tienen como obligatorio el cumplimiento de las BPM, en concordancia con su sector productivo. Estos requerimientos varían de acuerdo al sector pero, acá les presento una estructura general que puede aplicarse a la mayoría de los sectores productivos. No necesariamente solo estos dos tipos de industrias deben implementar las BPM, sino que toda organización que busca ganar eficiencia en sus procesos, mejorar su sistema de calidad o sistemas de gestión en general, controlar los riesgos, estandarizar sus prácticas operativas, entre otras.

La metodología 5 S y las BPM trabajan en la organización de forma conjunta, ambas facilitan lo exigido por ambas partes y preparan a la organización para tener un plan APPCC (Análisis de Peligros y Puntos Críticos de Control) más liviano, manejable, conciso, entendible, depurado y confiable. Ambas se constituyen en un fuerte pre requisito obligatorio del plan APPCC.

Las BPM controlan y monitorean las directrices y lineamientos de la operación, previene el antes y el después de la línea productiva o de servicios, además de establecer conductas preventivas, mientras que los controles de APPCC son específicos en inocuidad.

Las BPM se han convertido en un baluarte en el procesamiento de alimentos, razón por la cual todos los gobiernos la legislan creando leyes, decretos que garanticen que la industria las implemente y cumpla.

La FDA (Administración de Medicamentos y Alimentos) en su directriz 21 CFR regula en contenido de las BPM para las siguientes industrias: alimenticia, farmacéutica, colección de sangre, equipos médicos y medicina animal.

Que son las BPM.

BPM

Una buena práctica es adherirse a una metodología, sistema, herramienta o técnica probada cuyos resultados han sido sobresalientes y reconocidos. Las buenas prácticas se estandarizan y se extrapolan a otros procesos.

Las BPM son principios básicos y prácticas generales de higiene en la persona misma, manipulación, preparación, elaboración, envasado, almacenamiento, transporte y distribución de alimentos, fármacos, empaques y productos para el consumo humano y animal para garantizar que son seguros, saludables e inocuos.

Podemos decir que las BPM son un sistema preventivo que asegura el adecuado diseño, seguimiento y control de procesos de fabricación e instalaciones. Incluye el establecimiento de sistemas de gestión de la calidad en todo el proceso desde la obtención de materiales hasta la entrega de productos y servicios a los clientes. Este sistema formal de controles que ayuda a prevenir casos de contaminación, confusiones, desviaciones, fallas y errores.

Su importancia radica en los métodos de trabajo, maquinaria y equipos, facilidades y controles en los procesos productivos. Aseguran la calidad en los procesos incluyendo el empacado y etiquetado.

Estructura.

En los sistemas de inocuidad la BPM son conocidas como Programas Pre Requisitos (PPR), funcionan como la base del sistema de inocuidad, deben ser implementadas en toda la cadena alimentaria (organizaciones involucradas) sin importar su tamaño ni la complejidad de sus operaciones.

Estructura de un **S**istema de **G**estión de **I**nocuidad

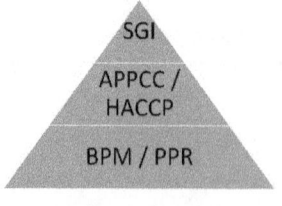

SGI — Políticas, Procesos, Documentos, Auditorías

APPCC / HACCP — Análisis de Peligros y Puntos Críticos de Control

BPM / PPR — Buenas Prácticas de Manufactura

Veamos la importancia que tienen las BPM, son la base fundamental de un Sistema de Gestión de Inocuidad, como se ha mencionado; son una estructura que soporta el buen desempeño de las organizaciones por su carácter preventivo. No debemos olvidar que las BPM son prácticas que crean disciplina en las organizaciones.

Los PPR toman nombres diferentes de acuerdo el sector donde está la organización, ejemplo de ellos son BPM (Buenas Prácticas de Manufactura), BPH (Buenas Prácticas Higiénicas), BPA (Buenas Prácticas Agrícolas), BPD (Buenas Practicas de Distribución), BPL (Buenas Practicas de Laboratorio), etc.

Las BPM al ser el eje central de un sistema de inocuidad deben cubrir las áreas sensitivas de una organización, áreas que pueden ser determinantes para evitar fallas o desviaciones en los procesos. De forma general, las BPM deben cubrir lo siguiente: prácticas del personal, establecimiento y espacios de trabajo, manejo de desperdicios y control de plagas, servicios de agua y aire, prácticas de limpieza y mantenimientos de equipos, almacenamientos y transportes, medidas para la prevención de la contaminación, materiales comprados y control de proveedores, re-trabajos, retiros de productos del mercado, actuación en emergencias, Información del productos y comunicación con el cliente, defensa de los alimentos, bio-vigilancia y bio-terrorismo.

Muy importante es el monitoreo periódico del cumplimiento de las BPM. La frecuencia la define cada organización.

Esquema de las BPM

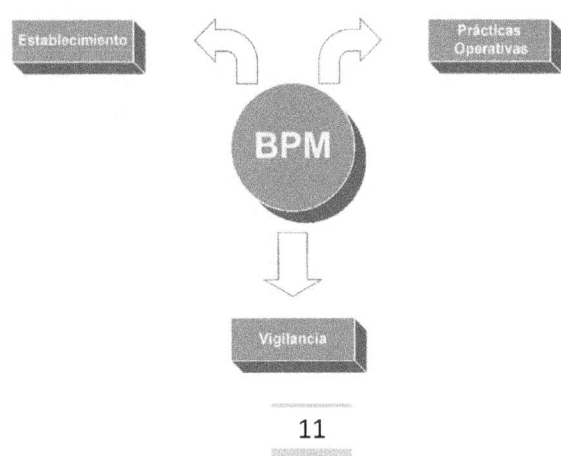

Establecimiento.

Todas las instalaciones de la organización deben proporcionar la seguridad y confianza de que el personal, procesos y condiciones no introducirán peligros para la seguridad de los productos. Su diseño debe estar acorde a los requerimientos propios de la operación al momento de recibir, mover, almacenar, transportar, manipular o procesar materias primas e insumos, así como el manejo, almacenamiento y envío del producto terminado.

En esta sección debemos enfocarnos en la:

→ Infraestructura,
→ Distribución de la operación y en los espacios de trabajo y
→ Servicios utilizados por la operación.

Prácticas Operativas.

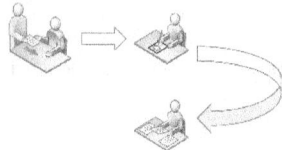

Los métodos Operativos y Prácticas del Personal que muestran la manera en que una instalación puede prevenir que las personas y procesos contaminen un producto. Los métodos de limpieza, sanitización y desinfección, tipos de productos químicos utilizados, frecuencia de las actividades de limpieza y control de microorganismos, tienen que estar acorde al tipo de organización y a la naturaleza de sus operaciones.

Las prácticas operativas o PPRO deben realizarse en forma idónea para proteger los productos de asuntos relacionados con su seguridad alimenticia, deben proporcionar las pautas para prevenir la contaminación, para optimizar el diseño y cuidado de la instalación y equipos, con el fin de que sean fáciles de manejar y no causen problemas de sanidad o seguridad de los productos. También proporcionan estrategias de múltiples enfoques que garantizan que las plagas ni los desechos adulteren los alimentos o empaques. Los programas prerrequisitos son específicos para las necesidades de cada organización

Las prácticas operativas a tomar en cuenta en esta sección son:

▪ Manejo de los desperdicios,

- Idoneidad, limpieza y mantenimiento de los equipos,
- Administración de materiales y servicios comprados
- Medidas para prevenir la contaminación,
- Limpieza,
- Control integral de plagas,
- Higiene del personal y de las instalaciones,
- Re trabajos,
- Procedimientos de retiro de productos y
- Almacenamiento y transportes.

La principal diferencia entre un programa de prerrequisitos y un programa prerrequisitos operativos, es que los prerrequisitos operativos nacen como tal del análisis de peligro y forman parte de la línea de proceso y el programa pre-requisito son programas que nos permiten mantener un ambiente inocuo, para asegurar que el producto que se fabrica dentro de las líneas de proceso será inocuo. En pocas palabras son nuestra primera barrera para el control de los riesgos o peligros inherentes al proceso.

Vigilancia.

Se deben realizar esfuerzos para proteger los productos de actos intencionales de adulteración. La organización debe asegurar que los materiales utilizados son de fuentes seguras y asegurar el acceso a todas las instalaciones, evaluando periódicamente la efectividad de su sistema de vigilancia.

Se debe poner especial énfasis en:

- ☑ La información de los productos y comunicación con los clientes y
- ☑ Los programas de defensa de los alimentos y bioterrorismo.

Al implementar y mantener todas estas pautas, las organizaciones están controlando los puntos que pueden poner en riesgo la operación de la organización. Estas pautas deben ser conocidas por todos los miembros de la organización, deben ser auditadas (las auditorías y auto inspecciones son una herramienta obligatoria en el mejoramiento continuo) y corregidas las no conformidades detectadas. Aportan un enfoque sistemático y proactivo que permite identificar riesgos de forma permanente y así desarrollar las medidas de control.

Pautas de las Buenas Prácticas de Manufactura.

Infraestructura.

La infraestructura del establecimiento deberá tener las características acordes para albergar el producto o servicio, deberá ser capaz de minimizar los riesgos detectados en un análisis inicial. Es necesario efectuar un análisis inicial que sirva para identificar y controlar todos los riesgos, vulnerabilidades y amenazas con impactos negativos que puedan tener como origen la infraestructura y sus alrededores. Ya implementada la metodología de este análisis, éste deberá efectuarse al menos una vez al año y debe quedar como información documentada.

Posterior a las revisiones del estado de la infraestructura se han desarrollado las acciones correctivas derivadas.

> Es necesario efectuar un análisis inicial que sirva para identificar y controlar todos los riesgos, vulnerabilidades y amenazas con impactos negativos que puedan tener como origen la infraestructura y sus alrededores.

Las características de la infraestructura deben principalmente contar con edificaciones que deberán estar fabricados con una construcción duradera acorde al tipo de producto o servicio, pero de forma general, debe hacerse énfasis en: los límites de la instalación deben estar claramente definidos, considerar todas las fuentes de contaminación que puedan venir de las áreas externas, el buen estado de techos, paredes, pisos, desagües, estructuras elevadas, estructuras temporales y móviles, ventanas, puertas, muelles de carga y descarga, caminos, jardines y áreas de estacionamientos.

Distribución de la operación y en los espacios de trabajo.

La distribución en planta implica la ordenación de espacios necesarios para movimiento de material, almacenamiento, equipos o líneas de producción, equipos industriales, equipos de trabajo directos e indirectos, administración, servicios para el personal y todas las actividades que tengan ocurran en la organización.

> Generalmente, un buen flujo facilita la buena higiene y las prácticas operativas de la organización. Una buena distribución también toma en cuenta los movimientos del desperdicio de los procesos, los cuales pueden fuente de contaminación cruzada.

el flujo operativo.

La reducción de riesgos de enfermedades profesionales, accidentes de trabajo, contaminación cruzada; se contempla desde el diseño y es una visión vital desde la distribución de las operaciones, de esta manera se eliminan los obstáculos en los pasillos; los pasos peligrosos, se reduce la probabilidad de resbalones, los lugares insalubres, la mala ventilación, la mala iluminación, el mal flujo de materiales y productos; en otras palabras se mejora

Generalmente, un buen flujo facilita la buena higiene y las practicas operativas de la organización. Una buena distribución también toma en cuenta los movimientos del desperdicio de los procesos, los cuales pueden fuente de contaminación cruzada.

La distribución de las operaciones no debe ser algo estático, más bien se debe considerar cambiarlo cuando se dificulten las operaciones, actividades de mantenimiento, limpieza, almacenamiento, al detectarse peligros potenciales de contaminación, al haber nuevos métodos de trabajo, al introducir al proceso nuevos productos o servicios, al efectuar cambios en ubicaciones de maquinaria y equipos, después de haber hecho un análisis que la distribución aumenta los desperdicios, reprocesos o re trabajos, etc.

Servicios utilizados por la operación.

La provisión de los servicios de apoyo y las rutas de distribución de los mismos, en y los alrededores de las áreas de proceso o de almacenamiento debe ser diseñado de forma que prevenga el riesgo de contaminación del producto. La calidad de los suministros de servicios debe ser monitoreada para prevenir cualquier riesgo de contaminación del producto.

Los servicios más usados son: agua, aire comprimido, vapor, combustibles, otros gases e iluminación. . Todos los servicios deben cumplir los requerimientos estipulados en su contrato de suministros. Estos proveedores de servicios deben ser evaluados periódicamente y si es posible deben ser auditados por la organización con un programa establecido y planificado.

El suministro de agua potable debe ser suficiente para las necesidades del proceso productivo. Las facilidades de almacenamiento y distribución, y cuando aplica, de control de temperatura, se deben diseñar para alcanzar los requisitos de calidad especificados para el agua. Así mismo es imprescindible que el agua potable cumpla con los requisitos de la OMS para agua de tomar o la normativa local.

El agua empleada como ingrediente, incluyendo la usada para hacer hielo o vapor, (incluyendo vapor culinario), o aquella en contacto con el producto o con las superficies de contacto con el producto debe ser de la calidad y requisitos microbiológicos relevantes para el producto.

Cuando se utilizan suministros de agua clorada se efectuarán chequeos del nivel adecuado de cloración que de acuerdo a lo especificado, aseguren la permanencia de cloro residual dentro de los límites establecidos.

El agua no potable deberá tener tuberías separadas y no podrá mezclarse por interconexión o reflujo con el agua potable.

Referente a la calidad del aire, la organización debe establecer los requerimientos para el filtrado, % humedad relativa y carga microbiana del aire empleado como ingrediente o que entra en contacto directo con el producto.

Debe proveerse ventilación apropiada para la remoción de excesos de vapor indeseable, polvo u olores y para facilitar el secado después de limpiezas húmedas. La cantidad de renovación de aire varía de acuerdo al proceso establecido. Por lo general las organizaciones deben emplear sistemas de ventilación natural o forzada. De esta manera, es necesario realizar un número de renovaciones cada hora en función del volumen a ventilar teniendo en cuenta no solo el número de trabajadores, si no el tamaño de la zona industrial debe ser unos de los aspectos más importantes a tener en cuenta.

Ventilación Natural

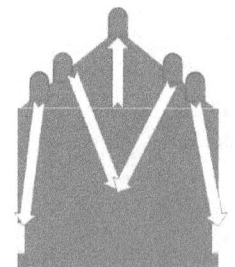
Ventilación Forzada con Inyección y Extracción de aire Natural

Cuando existe riesgo de contaminación por aire, la calidad microbiológica del aire debe ser controlada. En los locales en los cuales se exponen a la contaminación por aire, los productos que puedan soportar el crecimiento o la sobrevivencia de microbios, se deben tener protocolos para monitoreo y control de la calidad del aire.

Los sistemas se deben construir de forma que no fluya aire de áreas sucias hacia áreas limpias. Se deben mantener diferenciales de presión definidos, de preferencia presión positiva en las áreas de proceso.

Los sistemas deben ser accesibles para su limpieza, cambios de filtros y mantenimiento. Los filtros para aire en contacto con alimentos y empaques debe ser filtros sanitarios; sanitario es una condición que suele confundirse con estéril. (Estéril significa sin presencia de bacterias u otros microorganismos vivos. De acuerdo con las disposición del CFR Título 21 de la FDA, el aire estéril produce que no pasen microorganismos con una tasa de desafío de 107 por cm^2). Un filtro sanitario está diseñado y construido de manera tal que inhibe el crecimiento de bacterias. Todas las superficies de contacto de la carcasa del filtro se pueden limpiar y los usuarios pueden desmontar fácilmente la carcasa para realizar inspecciones o limpieza. Las carcasas sanitarias para filtros se fabrican con materiales que se pueden limpiar y que evitan que los productos se contaminen. Los fabricantes se basan en organizaciones industriales, como 3-A, que determinan y definen normas sanitarias.

Las protecciones de las tomas de aire exterior se deberán examinar periódicamente para constatar su integridad física.

Los sistemas de gases como aire comprimido, dióxido de carbono, nitrógeno u otros gases empleados en producción o empaque se deben construir y mantener para prevenir la contaminación.

Los gases empleados en contacto directo o incidental con el producto como transporte, soplado, secado de productos o equipo deben ser de una fuente aprobada y filtrados para remover polvo, aceite y agua.

Cuando se usa aceite en los compresores y existe potencial de contacto del aire con el producto, el aceite usado debe ser grado alimenticio. Deben establecerse las especificaciones de filtrado, de humedad y microbiológicas.

> Las clases de la calidad de aire están definidos según la norma ISO 8573-1:2010, especifica las clases de pureza del aire comprimido con respecto a partículas, agua y aceite, independientemente de la ubicación en el sistema de aire comprimido en el que se especifica o mide el aire.

Un aire comprimido sin aceite sólo puede conseguirse instalando un compresor de aire exento de aceite. Aun así, seguirá siendo necesario filtrar las partículas y eliminar la humedad.

Las clases de la calidad de aire están definidos según la norma ISO 8573-1:2010, especifica las clases de pureza del aire comprimido con respecto a partículas, agua y aceite, independientemente de la ubicación en el sistema de aire comprimido en el que se especifica o mide el aire. La industria alimenticia y farmacéutica debe prestar mucha atención a la calidad del aire comprimido que entra en contacto con los productos.

La iluminación provista, natural o artificial, deberá permitir al personal operar de manera higiénica. La intensidad luminosa en cada puesto de trabajo depende de la naturaleza del puesto y debe ser medida y evaluada por personal competente.

Las lámparas deben estar protegidas para evitar la contaminación de materiales, productos o equipos en caso de quebraduras.

Se recomienda tener un programa de inspección y limpieza de las lámparas y sus protecciones.

El control y supervisión de los servicios es vital para eliminar el riesgo de la contaminación cruzada.

Manejo de los desperdicios.

Los desperdicios que se generan en todos los procesos de las organizaciones, son producidos en los procesos de fabricación, transformación y utilización de insumos. Estos desperdicios o desechos deben de manejarse correctamente a fin de que no sean un foco de contaminación. Las organizaciones deben identificar, reunir, remover y disponer todos los residuos de manera de prevenir la contaminación.

> Las organizaciones deben identificar, reunir, remover y disponer todos los residuos de manera de prevenir la contaminación.

Los contenedores para los desperdicios deben vaciarse a frecuencias adecuadas y mantenerse en adecuada condición de limpieza.

Deberían estar alejados de las áreas de producción y almacenamiento de productos y materiales. Los contenedores que no son para desperdicios no deben confundirse, quiere decir que la identificación es vital para evitar confusiones que puedan ocasionar una contaminación cruzada.

Los proveedores del servicio de recolección de los desperdicios deben estar capacitados para el manejo y disposición final. Contar con los permisos que le permitan operar y la organización debe asegurarse como y donde se disponen los desperdicios. Importante asegurarse que los distintivos comerciales sean destruidos a fin de evitar posible mal entendidos con logos y marcas.

Para la identificación de los desperdicios se pueden utilizar muchas nomenclaturas pero básicamente la información mínima que debe estipular es: Proceso que lo genera, Tipo de desperdicio (Peligroso y No Peligroso), Cantidad.

Las fallas más comunes en el manejo de desperdicios es la carente identificación, la no segregación de los mismos y recipientes no cerrados.

Los drenajes y canaletas de agua deben de estar construidas de forma que faciliten su mantenimiento y limpieza, y no sean puntos donde los desperdicios sean capaces de acumularse previniendo una fuente potencial de contaminación.

Limpieza y mantenimiento de los equipos.

El mantenimiento de la maquinaria y equipos de la organización, es vital para lograr la producción de alimentos inocuos y para asegurar que los productos se manufacturan según especificaciones.

La capacitación del personal de mantenimiento debe considerarse de alta prioridad y ser controlado por quienes ostentan altos cargos en la dirección. Muchas veces el mantenimiento es visto sin la importancia que amerita, cuando en realidad debe otorgarse suma importancia a la calidad y la capacitación del personal que desempeña estas actividades.

> En otras palabras el mantenimiento debe ser calendarizado, a fin de lograr que las actividades se realicen de forma planificada

El mantenimiento de cada una de las maquinas o estructuras de la empresa en que tienen que llevar bajo un calendario determinado. En otras palabras el mantenimiento debe ser calendarizado, a fin de lograr que las actividades se realicen de forma planificada y con la existencia de repuestos para que se realice sin contratiempos. Deben de haber repuestos disponibles para que la producción no se detenga sin estar programado. Todas las partes de repuesto que tengan contacto con los alimentos se guardarán en un ambiente limpio y elevado del piso. También es importante dar trazabilidad a las actividades realizadas, es necesario para conseguir este propósito manejar y administrar una bitácora de operaciones de mantenimiento que registre las actividades realizadas; puede contener la siguiente información: Porque paro la máquina, qué fue lo que se le hizo, qué repuestos fueron los utilizados, día, hora, quien fue el responsable de las actividades, quién recibió la maquina o el equipo después de efectuada la reparación.

La lubricación de maquinarias y equipos, depende a la máquina que se utilice, los lubricantes deben de ser grado alimenticio en las partes que exista riesgo de contacto con el producto. El hecho utilizar lubricantes grado alimenticio no quiere decir que deben descuidarse las condiciones que puedan ocasionar del que el contaminación de estos lubricantes a los productos. Los lubricantes grados alimenticios están fabricados para contaminaciones ocasionales, no para recurrentes y ni mucho menos permanentes. El en sitio donde se almacena los lubricantes en general, los lubricantes grado alimenticios deben de estar ubicados donde no exista riesgo de contaminación.

Un sistema de mantenimiento planeado debe ser implementado para todos los equipos. El mantenimiento debe ser llevado sistemáticamente para la contaminación potencial producida por los equipos. Donde haya un riesgo de seguridad alimentaria debe ser una prioridad el mantenimiento. Después de cada mantenimiento se debe asegurar que los equipos quedan libres de contaminantes y riesgos que puedan ocasionar contaminación. El personal de mantenimiento y empresas subcontratadas para tal fin deben seguir todas las medidas higiénicas para evitar contaminación. Se tendrá especial cuidado con las herramientas utilizadas y químicos utilizados.

Las reparaciones temporales deben ser evitadas en la medida de lo posible, y si se llevan a cabo deben de repararse permanente lo más pronto posible.

Todos los equipos utilizados en producción y empaque deben estar diseñados y construidos para prevenir la contaminación, de fácil limpieza y mantenimiento. El objetivo del diseño higiénico es reducir o eliminar el riesgo

> Una norma internacional de referencia es la BS EN 1672-2:2005+A1:2009 Maquinaria para procesado de alimentos

de que pueda existir una fuente de contaminación física, química o microbiológica para los alimentos, tanto de forma directa como indirecta. Además, el diseño higiénico persigue otras dos finalidades como son el facilitar la limpieza y desinfección y contribuir a la conservación y mantenimiento del propio equipo o instalación. Por tanto el concepto de diseño higiénico combina factores de tipo mecánico, de tecnología y de higiene alimentaria. Deben tenerse en cuenta infinidad de factores como los materiales de construcción, superficies de contacto, accesibilidad, drenabilidad, hermetismo, etc.

Una norma internacional de referencia es la BS EN 1672-2:2005+A1:2009 Maquinaria para procesado de alimentos: conceptos básicos y requisitos de higiene, que especifica los requisitos de higiene comunes aplicables a la maquinaria para la preparación y el procesado de alimentos, con el fin de eliminar o minimizar el riesgo de contagio, infección, enfermedad o lesión causados por los alimentos.

Los equipos deben reunir los principios establecidos en el diseño higiénico:

Superficies en contacto con los alimentos deben ser lisas y de limpieza accesible y no ser una fuente de contaminación y no deben contribuir a la proliferación de microorganismos.

Se deben evitar superficies horizontales, deben tener pendiente hacia un lado, de forma que el líquido fluya alejándose de la zona en contacto con el alimento. Las superficies diseñadas para evitar el estancamiento, son predominantemente convexas y redondeadas para propiciar la circulación de líquidos.

Autodrenables. Los sistemas de drenaje evitarán salpicaduras, se podrán limpiar fácilmente y tendrán la inclinación adecuada para facilitar la salida de efluentes.

Ser compatibles con los agentes de limpieza utilizados.

Tuberías y ductos deben ser limpieables y drenables y no causar condensación o fugas que puedan contaminar el producto.

Válvulas y controles deben seguros para poder prevenir la contaminación.

Equipos que contengan metales tóxicos no deben ser permitidos.

Administración de materiales y servicios comprados.

> Debe de existir información documentada, para evaluar, aprobar y monitorear los proveedores a fin de asegurar su cumplimiento con los requisitos establecidos.

Los materiales comprados, servicios y actividades subcontratadas que participen en la seguridad alimentaria y su envasado deben ser controlados para asegurar que tienen la capacidad de cumplir los requerimientos. La organización debe tener claridad en los requisitos exigidos a cada uno de los proveedores, estos deberían estar en un contrato escrito.

Debe de existir información documentada, para evaluar, aprobar y monitorear los proveedores a fin de asegurar su cumplimiento con los requisitos establecidos. El método utilizado se justificará mediante la evaluación de riesgos y el análisis de riesgos, Incluyendo el peligro potencial de seguridad alimentaria para el envasado de alimentos.

El proceso de los proveedores debe incluir: La habilidad del proveedor para cumplir los requisitos, una descripción como el proveedores es evaluado.

El monitoreo incluye cumplimiento de las especificaciones pactadas, entrega de certificados de análisis o certificados de calidad por cada entrega (El CFR 21 parte 110, permite usar certificados de calidad para asegurar la calidad, seguridad e inocuidad de la materia prima junto a un programa de Certificación de Proveedores.), evaluación de los programas APPCC, información sobre la seguridad de los proveedores, cumplimiento de requerimientos legales y también deben llevar a cabo auditorias en las facilidades de los proveedores.

Un Programa de Certificación de Proveedores, incluye a los proveedores locales y los internacionales, los proveedores locales deben ser auditados o inspeccionados periódicamente (una recomendación es al menos anualmente), los proveedores internacionales deben enviar documentos que demuestren que tienen implementado un sistema de inocuidad en su proceso e instalaciones y se debe realizar una evaluación documental de estos proveedores.

La organización debe tener una lista de proveedores aprobados que incluya un historial del desempeño que han venido desarrollando.

Todas las materias primas entrantes deben ser inspeccionadas, probadas o cubiertas por COA / DOC para verificar el cumplimiento de requisitos especificados antes de la aceptación o uso. El método de verificación deberá estar documentado.

Donde se usen sellos a prueba de manipulación indebida, se debe establecer un proceso de verificación para verificar la conformidad con requisitos relevantes del cliente o reglamentarios.

Medidas para prevenir la contaminación.

La principal herramienta para asegurar que las fuentes de contaminación están controladas es efectuando un análisis de peligros, determinando las posibles fuentes de contaminación microbiológica, física y química, e implementando sus medidas de atenuación.

> Las mezclas de materias primas, materiales, productos intermedios, producto terminado deben ser evitadas para prevenir contaminación cruzada.

Cuando sea necesario de acuerdo al análisis de peligros, se deben llevar a cabo pruebas de los productos de forma externa, estas debe llevarse a cabo por una entidad que cumpla todos los reglamentos exigidos por las entidades regulatorias y sus pruebas deben estar certificadas bajo la norma ISO 17025.

Las mezclas de materias primas, materiales, productos intermedios, producto terminado deben ser evitadas para prevenir contaminación cruzada.

Cuando se toman muestras de materias primas y materiales, y esto implique contacto directo, se deben definir procedimientos para evitar la contaminación de los productos.

Cuando existan reprocesos o productos que han sido recuperados y no han sido segregados ni se manejan correctamente, podrán causar contaminación de materias primas, materiales de empaque, productos en elaboración y productos terminados.

Siempre que ocurra un incidente de contaminación, los procesos de limpieza y/o mantenimiento llevarán a cabo bajo las actividades para efectuar la corrección y estas estarán en vigilancia por personas responsables designadas para tal tarea. Después de haber efectuado el proceso de limpieza y/o mantenimiento, se debe desechar el producto que no pueda ser llevado al estándar establecido.

Contaminación   Donde exista un potencial de contaminación microbiológica, se

Biología:	deben implementar medidas para prevenir o controlar el peligro.
Contaminación Física:	Cuando se use vidrio y plástico quebradizo (en aplicaciones relacionadas con el proceso productivo y manejo, no solo iluminación) en las áreas de producción o almacenamiento, se deben establecer requisitos de inspección periódica y procedimientos definidos en caso de rotura. Deben evitarse los vidrios y materiales frágiles (como componentes de plástico duro en el equipo, visores en recipientes de almacenamiento) cuando sea relevante y posible.
	En las áreas de producción y almacenamiento, las superficies destinadas a tener contacto con el producto deben estar libres de astillas y cualquier otra fuente de contaminación. Deben ser adecuados para una limpieza fácil y eficaz.
	Debe existir un procedimiento formal para el uso de "objetos punzantes". No se dejarán objetos afilados ni herramientas sueltas en cualquier lugar y en superficies donde pueda producirse la contaminación del producto. El uso de cuchillas de corte a presión quedará prohibido.
	Los edificios, las instalaciones y el equipo deben limpiarse para eliminar el polvo, las telarañas, las escamas y los fragmentos para mantener un nivel aceptable de limpieza.
Contaminación Química:	Los materiales impresos y recubiertos deben manipularse y almacenarse de modo que la parte impresa o con recubrimiento no ponga en riesgo al alimento, no es mandatorio pero estas tintas de impresión y recubrimiento debería ser grado alimenticio para minimizar el riesgo de contaminación.
	Los productos químicos, incluidos los materiales de limpieza, control de plagas y los lubricantes, se evaluarán y controlarán para evitar la contaminación del producto.
	El lubricante destinado a entrar en contacto con el producto debe ser de un grado adecuado para el uso previsto.
Migración Química:	Donde exista un peligro potencial para la seguridad alimentaria debido a la migración u otro mecanismo de transferencia, se deben implementar controles para prevenir o controlar el peligro. Es recomendable efectuar estudios de migración de tintas del lado impreso del empaque hacia el no impreso y mandatorio si el lado no impreso tiene contacto con el alimento. Debe efectuarse estudios si el empaque no altera el sabor del alimento o altera su composición.
	El embalaje (por ejemplo, paletas, películas, contenedores) debe estar hecho de un material adecuado y estar limpio y no debe contaminar al embalaje de alimentos.
Administración de Alérgenos:	Cuando se haya identificado un potencial de contaminación por alérgenos alimentarios, se deben establecer, documentar e implementar controles para prevenir o controlar los peligros y registrar y etiquetar en consecuencia.

Limpieza

> La limpieza no solo es apariencia de las instalaciones, los métodos y programas de limpieza debe tener en cuenta la seguridad de los alimentos y el análisis de peligros.

Deben establecerse programas de limpieza apropiados para áreas específicas para mantener el equipo de producción y el ambiente en condiciones higiénicas. Si se subcontratan las actividades de limpieza, el proveedor aprobado será competente y mantendrá la documentación según lo especificado por la organización.

La limpieza no solo es apariencia de las instalaciones, los métodos y programas de limpieza debe tener en cuenta la seguridad de los alimentos y el análisis de peligros.

Las organizaciones deben tener un programa maestro de limpieza que incluya todas las áreas y debe de efectuarse de forma preventiva fin de evitar contaminación de materias primas, empaques, maquinarias, equipos y utensilios.

Se debe poner mucha atención en los productos de limpieza y sanitización utilizados en las superficies que tienen contacto con el alimento.

El programa de limpieza deberá contener los siguientes puntos: áreas a ser limpiadas, equipos y sus partes donde sea necesaria la limpieza, tareas específicas de limpiezas correctamente definidas y con sus responsables, métodos para hacer las limpiezas y su frecuencia, monitoreo y verificación de la eficacia de la limpieza.

Los equipos que se utilizan para la manipulación de todos los productos -montacargas, elevadores, porta paletas- deben estar incluidos en el programa de limpieza.

No es muy recomendable utilizar aire comprimido en las actividades de limpieza, a menos que se den dos condiciones: la presión sea restringida y que estemos 100% seguros que el producto terminado, intermedio, en proceso, materias primas y materiales no se contaminarán.

Los métodos de limpieza deben incluir:

→ Los productos químicos que se utilizará en cada tarea y su concentración. Estos químicos deben estar correctamente etiquetados y cuando no estén en uso deben estar almacenados lejos de las áreas de procesamiento y almacenamiento.

➔ Los equipos y herramientas que se utilizan en las tareas de limpieza. Se codificarán por medio de colores como ejemplo para poderlos diferenciar en las áreas que son utilizados de acuerdo a su uso previsto. Los trapos que se utilizan en zonas donde el alimento tiene contactos no deben de dejar residuos del mismo trapo. Si se utilizan escalones o escaleras están deben de estar en buen estado de limpieza y no ser una fuente potencial de contaminación.

➔ Vestimenta adecuada. Con finalidad de que los uniformes y las personas que hacen las tareas no sean una fuente de contaminación.

Control integral de plagas.

Control de plagas se refiere a todos aquellos mecanismos realizados para el control o regulación de todas aquellas especies animales definidas como plagas o pestes, con el fin de proteger a individuos y empresas de la pérdida potencial de bienes o riesgos en la salud.

> En el control de las plagas se deben efectuar evaluaciones, monitoreo y manejo de las actividades de plagas a fin de identificar, prevenir y eliminar las condiciones que puedan generar o mantener una población de plagas.

Las plagas son un verdadero problema para los negocios; y las regulaciones de muchos países establecen que las empresas cuenten con un proveedor de Control de plagas, para permitir su funcionamiento, lo que incluye certificaciones e inspecciones regulares, es por esto que contratar a un profesional en control de plagas, no es algo que las empresas puedan permitirse tomar a la ligera.

Si el control de plagas se asigna a una compañía externa, debe de existir un contrato firmado entre ambas partes, éste definirá claramente las responsabilidades de las partes referentes al manejo eficaz del programa de control de plagas. La compañía externa deberá contar con todos los permisos regulatorios que le permitan operar y su personal debe tener todas competencias y calificaciones para realizar esas tareas.

En el control de las plagas se deben efectuar evaluaciones, monitoreo y manejo de las actividades de plagas a fin de identificar, prevenir y eliminar las condiciones que puedan generar o mantener una población de plagas. Una evaluación anual de la instalación es muy importante porque suministra una valoración de la efectividad del programa de control de plagas.

La organización debe tener una persona designada para manejar y controlar las actividades del control de plagas o con personal designado en este caso, contratistas expertos. Los programas de manejo de plagas deben estar documentados e identificar las plagas objetivo y los planes de direcciones, los métodos, horarios, procedimientos de control y, cuando sea necesario, requisitos de capacitación del personal.

Los programas deben incluir una lista de productos químicos aprobados para su uso en áreas específicas del establecimiento.

El establecimiento se deberá mantener en buenas condiciones. Se deben implementar medidas efectivas para evitar que las plagas ingresen al establecimiento. Las puertas, ventanas o aberturas de ventilación externas deben estar diseñadas para evitar la entrada de plagas. Todas las puertas externas deben mantenerse en buenas condiciones y cerrarse cuando no estén en uso.

Los materiales almacenados en bodegas si presentaran signos de estar infestados se manipularán de tal manera que de prevenir la contaminación hacia otros materiales. Se debe eliminar el refugio potencial de plagas. Donde se use el espacio externo para el almacenamiento, los artículos almacenados deben estar protegidos del clima y daños causados por plagas, en otras palabras no debe existir un hábitat atractivo en la instalación o en las cercanías de la misma que aumente las posibilidades de tener problemas de plagas.

Los programas de monitoreo de plagas deben incluir la colocación de detectores y trampas en lugares clave para identificar actividad de las plagas. Se debe tener un mapa de detectores y trampas. El manejo de dispositivos externos de monitoreo de roedores desalentará el ingreso de los mismos a la instalación. Para evitar el ingreso de plagas a las instalaciones es importante crear circuitos de trampas y monitorearlos frecuentemente para evaluar la cantidad de plagas capturadas. También es importante tener dispositivos internos para monitoreo de roedores, estos identificarán y capturarán los roedores que logren acceso a la instalación. Las aves son consideradas plagas que por sus excrementos pueden ocasionar mucha contaminación en los materiales. Para el control de aves se deben utilizar solamente métodos considerados legales.

Los detectores y trampas deben estar diseñados y ubicados para evitar la contaminación de cualquier material. Los detectores y trampas serán de construcción robusta y resistente a la manipulación. Serán apropiados para la plaga objetivo. Los detectores y trampas deben inspeccionarse con una frecuencia que permita identificar nuevas actividades de plagas. Los resultados de inspecciones se analizarán para identificar tendencias en la actividad de plagas.

Las medidas de erradicación se aplicarán inmediatamente después de que se notifique la presencia de una infestación. La instalación conservará la etiqueta actualizada de los pesticidas de sus hojas de seguridad, estos productos deben contar con permisos regulatorios para su uso. Toda la documentación de estos plaguicidas debe estar en el idioma que entiende todo el personal.

La aplicación de pesticidas debe estar restringida a personal entrenado y debe ser controlada para evitar que los alimentos riesgos para la seguridad. Se deben mantener registros del uso de pesticidas para mostrar el tipo, la cantidad y las concentraciones utilizadas; dónde, cuándo y cómo se aplica; y la plaga objetivo.

Higiene del personal y de las instalaciones.

La higiene personal y comportamiento se considera un peligro en la inocuidad de los alimentos. Se establecerá que todo el personal, visitantes y contratistas deberán cumplir con los requisitos documentados, cumplir con la política de la instalación.

El alcance de los puntos de interés en la higiene se detalla:

Facilidades higiénicas para el personal:	Las instalaciones de higiene del personal deben estar disponibles para mantener el grado de higiene personal requerido por la organización. Las instalaciones deberán estar ubicadas cerca de los puntos donde se aplican los requisitos de higiene y serán claramente designados.
	Proporcionar un número y ubicación adecuados de medios de lavado, secado y, cuando sea necesario, desinfección de las manos.
	Los productos para sanitizar las manos se monitorearán regularmente para ver si tienen la concentración correcta que garantice su eficacia.
	Cuando sea apropiado, se colocarán carteles con instrucciones de "Lavarse las Manos" en los lavabos y a la entrada de las áreas de producción.
	Proporcionar un número adecuado de servicios higiénicos con un diseño higiénico adecuado y suficientemente separados del área de producción, cada una con instalaciones de lavado, secado y, cuando sea necesario, desinfección.
	Los baños y los vestuarios se mantendrán limpios.
	Disponer de instalaciones adecuadas de cambio de ropa y almacenamiento para todo el personal que trabaja en la producción, empaque y áreas de almacenamiento. Estas instalaciones de cambio y almacenamiento deben ser accesibles sin cruzar las áreas de producción y almacenamiento cuando vienen del exterior.
	Los casilleros del personal, propiedad de la compañía, se inspeccionarán con una frecuencia determinada.

Áreas diseñadas para ingerir alimentos y de fumar:	Los comedores del personal y las áreas designadas para el almacenamiento, el consumo y la preparación de alimentos deben estar ubicados y administrarse de manera adecuada para evitar la contaminación de las áreas de producción.
	Si existe un área donde se preparan alimentos sean estos por la organización o por un proveedor externo, se deberá tener los permisos respectivos por las autoridades pertinentes.
	Todos los alimentos, bebidas y medicamentos deben almacenarse en las áreas designadas. Deben establecerse procedimientos para controlar el uso de medicamentos para prevenir la contaminación del producto.
	Comer (incluyendo el consumo de confitería, goma de mascar o tabaco de mascar), beber, que no sea el agua y fumar solo se deben permitir en las áreas designadas. Donde se permita el agua potable, debe estar sujeto a control para evitar derrames y contaminación.
Ropa de trabajo:	La organización debe garantizar que el personal que trabaja o ingresa en áreas de producción o almacenamiento debe usar ropa de trabajo adecuada para su propósito, en buenas condiciones y que no presente ningún potencial de contaminación. La ropa de trabajo debe estar adecuadamente segregada de la ropa personal. La organización debe asegurarse que el personal mantiene limpio su uniforme de trabajo y se asegura que hay cambio de uniforme diariamente.
	Cuando sea apropiado, la ropa de trabajo u otra protección adecuada brindará cobertura para que el cabello, boca, barba. Donde se usan guantes para el envasado de alimentos, estos serán aptos para el propósito y en buenas condiciones.
	El equipo de protección personal, cuando sea necesario, debe estar diseñado para evitar la contaminación y debe mantenerse en condiciones higiénicas.
Enfermedades y lesiones:	La instalación tendrá políticas vigentes y hacerlas cumplir para evitar que las enfermedades o infecciones contaminen los productos.
	Todas las lesiones, incluidos los cortes menores, se tratarán de inmediato y de manera adecuada.
	Todos los expedientes de salud del personal deben estar actualizadas y disponibles para cuando se requieran.
Limpieza de personal:	Para el lavado de manos la organización debe implementar una metodología que incluya lavarse las manos antes de iniciar cualquier operación que pueda poner en riesgo la inocuidad de producto. Después de utilizar los servicios sanitarios. Antes y después de cada comida o cuando se considere necesario.
Comportamiento del personal:	Este debe estar regido por políticas y procedimientos, las actividad que representen un riesgo para el producto deben

estar normadas y monitoreadas. Esta actuación puede estar dirigida por medio de letreros en cada zona específica: NO fumar, No comer, Uso de equipos de protección personal, No mascar chicles, No uso de joyas, No uñas pintadas. Mantener los casilleros libre de comida, etcétera.

Re Trabajos.

> La organización designará un área específica para el re proceso. El área estará segregada y delimitada para evitar mezclas que puedan alterar la trazabilidad del producto.

El re trabajo se almacenará, manejará y usará de manera tal que se mantenga el desempeño de la inocuidad de los alimentos, la calidad, la trazabilidad y el cumplimiento normativo.

La organización designará un área específica para el re proceso. El área estará segregada y delimitada para evitar mezclas que puedan alterar la trazabilidad del producto.

El re proceso debe mantenerse en los niveles mínimos posibles y debe mantenerse información documentada de las actividades que se realizan así como de su liberación.

Cuando se debe incorporar el re trabajo al proceso de producción, se debe especificar la cantidad aceptable, el tipo y las condiciones de uso del re trabajo. Se definirá el método de adición, incluidas las etapas de pre proceso necesarias.

Se deben tomar medidas para evitar procesos de re trabajo que permitan que las materias primas, los productos intermedios o el envasado de alimentos se contaminen con materiales no destinados al contacto con alimentos. Los registros de validación se guardarán para demostrar que la conformidad con la normativa y los requisitos del cliente. Los requisitos se mantienen siguiendo el proceso de re trabajo especificado.

Procedimientos de retiro de productos.

Una retirada de producto es una petición para devolver al fabricante un lote o toda una serie de un producto, por lo general debido al descubrimiento de cuestiones de seguridad o un defecto. Una vez que se localice un producto sospechoso, el

Programa de Retiro o Retirada del Mercado delineará los procedimientos para el retiro rápido y controlado del producto del mercado.

Deben existir sistemas para garantizar que los productos que no cumplan con las normas de seguridad alimentaria necesarias puedan identificarse, ubicarse y eliminarse de todos los puntos necesarios de la cadena de suministro. El sistema debe ser registrado y probado en una frecuencia apropiada, se documentarán los siguientes resultados: La trazabilidad de todos los materiales e ingredientes utilizados en la elaboración del producto final que ha sido retirado, el grado de éxito, el tiempo requerido para llevar a cabo las pruebas.

Debe existir un procedimiento documentado que especifique: quienes son parte del equipo de retiro, como es la comunicación interna y externa, como se contacta a los miembros fuera de la hora laborales, cuales son los roles y responsabilidades de cada miembro del equipo, como puedo contactar a los proveedores involucrados si los hay. Se debe tener evidencia de que este procedimiento es conocido y está disponible.

Almacenamiento y transportes.

Todas las materias primas y materiales, productos intermedios y material de empaque deben ser almacenados y manejados de tal manera de evitar la contaminación como polvo, condensación, humos, olores y otras fuentes.

> Todas las materias primas y materiales, productos intermedios y material de empaque deben ser almacenados y manejados de tal manera de evitar la contaminación como polvo, condensación, humos, olores y otras fuentes.

La organización debe mantener controles efectivos en las áreas de almacenamiento tales como temperatura, humedad y otras condiciones ambientales que sean requeridas para la conservación de materias primas, materiales, productos intermedios y terminados.

Los desperdicios y productos químicos deben ser almacenados de forma separada. La organización debe implementar mediciones que asegure que el almacenamiento no pondrá en riesgo la inocuidad de los alimentos. Se seguirán procedimientos especiales de manejo para aquellos materiales de empaque que presentan riesgos para la seguridad del producto si se usaran incorrectamente (por ejemplo, material de empaque de vidrio o aséptico). Se documentarán las fallas y las Acciones Correctivas.

Si por alguna razón existe almacenamiento en los exteriores de las instalaciones, deberán estar correctamente protegidos contra el deterioro y la contaminación.

Se debe implementar un sistema de rotación de inventarios, para asegurarse que primeros de utilizan los materiales primeros a expirar. Las fechas para facilitar la rotación de inventario estarán en un lugar visible en la tarima o el contenedor individual.

Los ítems de Investigación y Desarrollo y las materias primas, material de empaque y productos terminados que se usen con poca frecuencia se inspeccionarán regularmente para ver si hay indicaciones de contaminación.

Los productos devueltos por los clientes no volverán al área de almacenamiento de productos terminados sin haber sido inspeccionados y liberados para su uso por el personal autorizado.

Los contenedores de los vehículos donde se reciben materiales o se entregan productos a los clientes deben revisarse antes y durante la descarga para verificar que la seguridad alimentaria y la seguridad de las materias primas se han mantenido durante el tránsito.

Esta revisión debe incluir los siguientes puntos: estado general del exterior del contenedor, documentos de embarque, nombre de la compañía y contacto, números de sellos de seguridad (estos deben coincidir con los declarados en los documentos), cantidad y lote de materiales, compatibilidad de los materiales transportados, identificación del conductor, presencia de agujeros, desniveles u otros defectos en el vehículo que permitan que permitan la entrada de contaminantes durante el transporte, presencia de malos olores de transportes anteriores, condiciones sanitarias deficientes del contenedor, presencia de materiales en el piso que se han extendido en el contenedor para tapar los olores, luces interiores cubiertas para minimizar contaminación cruzada por vidrios rotos, no debe haber presencia de plagas, carga correcta de materiales alérgenos y no alérgenos, presencia total de contaminación cruzadas de los diferentes materiales que se transporten.

La seguridad es otra consideración importante durante el proceso de descarga. Durante la descarga, es posible que se hayan eliminado algunos sellos y que se puedan abrir varios puntos de entrada al tanque para la ventilación.

Los marchamos de seguridad sirven para proteger transportes de mercancías. Los tipos de marchamos de seguridad son diversos para cumplir cada necesidad. Se usan en cajas de tráileres, tolvas, camionetas, contenedores, tambores, entre otros recipientes. Existen cuatro tipos principales: de clavo (de barril o de botella), de cable, de plástico y metálicos. Los marchamos de clavo son resistente y muy duraderos, formados por un clavo de acero galvanizado y plástico duro. Los de cable usan un cable de acero trenzado que es versátil y fuerte. En el comercio internacional solo son aceptados los marchamos de seguridad que cumplen con la norma ISO/PAS 17712, esta norma exige cumpla con los siguientes estándares:

- Fuertes y durables para resistir ruptura accidental o deterioro temprano (debido a condiciones climáticas o a la acción química durante la manipulación).
- Tendrán que ser identificados por una marca y número únicos fácilmente legibles. Cualquier modificación de la marca provocará destrucción irreversible del marchamo.
- Deben ser construidos de tal manera que no puedan ser removidos sin dejar trazos o huellas visibles.
- Deberán ser diseñados para no permitir más que su uso una sola vez.
- Deberán diseñarse de tal modo que sea difícil su falsificación.

El área alrededor de la zona de descarga debe controlarse para garantizar que las personas no autorizadas no intenten acceder a estos puntos. Cualquier cúpula o escotilla que se haya abierto en el contenedor para la ventilación debe estar equipada con pantallas o filtros apropiados para evitar la entrada de contaminantes durante el proceso de carga o descarga.

Después de realizar la inspección, todos los resultados deben documentarse en un formulario de inspección y deben estar firmados por la persona que realiza la inspección. Las condiciones reales de los vehículos y productos deben registrarse. Cualquier discrepancia, material rechazado o carga rechazada debe documentarse. Estos registros deben mantenerse archivados durante un período de tiempo establecido. También es una buena idea hacer un seguimiento de los números de lote de estos materiales a fin de garantizar que no se descarguen en un vehículo diferente y se vuelvan a enviar a la instalación. Los productos regulados pueden requerir un período de retención de registros específico. Se recomienda un mínimo de dos años de retención de registros según la ley de modernización de seguridad alimentaria, para productos que no se encuentran bajo otras regulaciones específicas.

Información de los productos y comunicación con los clientes.

La organización deberá cumplir con los requisitos de inocuidad alimentaria que exigen los clientes y las regulaciones. La organización debe obtener la información necesaria para determinar que el producto que se proporcionará es adecuado para el uso previsto. Si se efectuaran cambios en el producto o el empaque, la organización debe asegurarse que estos cambios no ponen en peligro la inocuidad del producto e informar oportunamente a los clientes.

El etiquetado del producto es muy importante, lleva información de gran utilidad para quien adquiera el producto y cuente con una descripción de éste.

El Codex alimentario proporciona una norma para el etiquetado y declaración de alimentos pre envasados (CODEX STAN 1-1985, Rev. 1-1991).

Programas de defensa de los alimentos y bioterrorismo.

Cada organización deberá evaluar el riesgo para los productos que representan posibles actos de sabotaje, vandalismo o terrorismo y se establecerán medidas de protección proporcionales.

La instalación conservará evidencia del registro con la FDA de acuerdo a la Ley de Bioterrorismo y renovará los registros con la frecuencia definida por la FDA. Este requerimiento se aplicará únicamente si la instalación elabora, procesa, empaca, almacena y distribuye o exporta alimentos para consumo humano o animal en los Estados Unidos.

El programa de Bioterrorismo, debe estar documentado y con evidencia de que es implementado, monitoreado y, mejorado de acuerdo a los hallazgos que se encuentren. El programa debe incluir como mínimo los siguientes puntos: Revisión periódica de las vulnerabilidades de la instalación, prevención de entradas no autorizadas, chequeos de transportes y personal, referencias actualizadas de todos el personal, seguridad en todas las áreas de almacenamiento de productos, seguridad de la información física y electrónica, seguridad en el transporte y distribución de productos

El monitoreo de este programa debe llevarse a cabo por personal entrenado y competente.

Ejemplo de lista de verificación y monitoreo del cumplimiento de las BPM.

C: Actividad Conforme
NC: Actividad No Conforme

Área	Actividad a verificar	C	NC	Observaciones
Infraestructura	Las áreas que delimitan la organización de vecinos están en buenas condiciones y previenen contaminación que pueda venir de fuentes en el exterior.			
	Malezas o pastos altos cerca de las instalaciones.			
	Los techos son mantenidos adecuadamente: libres de suciedad, oxido, libres de goteras, agujeros, quebraduras, pinturas descascaradas, sin condensación.			
	Alrededores libres de desperdicios, polvo, aguas estancadas y otros contaminantes			
	Drenajes de techos y terrenos en buen estado.			
	Almacenamiento externo de equipo será mínimo y este estará controlado para evitar ser refugio de plagas.			
	Pisos fáciles de limpiar, sin grietas, con las juntas limpias, impermeables, con pendientes para evitar acumulaciones de líquidos, acordes a la exigencia del tipo de producto.			
	Drenajes diseñados para prevenir la contaminación, fáciles de limpiar, con rejillas para evitar ingreso de plagas.			
	Paredes en buen estado libres de agujeros y grietas que puedan servir como acumuladores de polvos y refugios de plagas.			
	Estructuras sin oxido, pinturas descascaradas, libres de suciedad.			
Espacios de Trabajo	Existe una separación de los equipos a la pared (cordón sanitario) que permita actividades de limpieza.			
	Curva sanitaria entre paredes y pisos, paredes y techos.			
	Suficiente espacio que permita flujo de materiales, productos y personas a través del proceso.			
	Las aberturas intencionales de transferencias de productos, servicios, materiales están diseñadas para prevenir entradas de materiales extraños.			
	Los equipos están colocados de una forma que permitan una buena higiene, limpieza y operación.			
	Las áreas de almacenamiento proveen protección el polvo y otras fuentes de contaminación.			
	Áreas de almacenamiento son secas y ventiladas, se controla su temperatura si es requerido.			
	Los materiales, productos, químicos son almacenados de forma que se evite su contaminación y deterioro. Su			

Área	Actividad a verificar	C	NC	Observaciones
	almacenamiento permite control y limpieza.			
	Químicos son etiquetados y resguardados de acuerdo a las instrucciones del fabricante.			
	Los contenedores para trasladar materiales están correctamente identificados.			
Los servicios utilizados por la operación	El agua para proceso de productos cumple con los estándares requeridos.			
	El agua para lavado de manos es clorada.			
	Los análisis de cloro residual están conformes con la normativa local.			
	Los diferentes tipos de aguas están correctamente identificados.			
	Hay estudios de iluminación en los puntos donde es requerido.			
	Las luminarias están protegidas de quebraduras que puedan poner en riesgo la inocuidad de los productos.			
	El sistema de aire comprimido tiene filtros separador de líquidos (15 micras), filtros coalescentes (1 a 0.3 micras) y filtros de carbón activado.			
	Hay un sistema de ventilación que remueve el calor y las partículas de manera controlada.			
	El aceite de los compresores es de grado alimenticio.			
Manejo de los desperdicios	Están identificados los depósitos para recolectar desechos.			
	Estos depósitos se encuentran limpios y tapados.			
	Son vaciados con una frecuencia establecida.			
	Cuando se utilizan recipientes de productos para almacenar desperdicios, estos recipientes están libres de etiquetas.			
Limpieza y mantenimiento de los equipos	Todos los equipos tienen diseño higiénico incluso las mesas, sillas y bancos.			
	Las superficies que tienen contacto con el producto son fáciles de limpiar y no transfieren contaminantes al producto.			
	Existe un plan de mantenimiento preventivo y hay evidencia de que se cumple.			
	El mantenimiento sigue procedimientos que previenen que durante y después del mantenimiento se pueda contaminar el producto.			
Administración de materiales y servicios comprados	Los servicios que son subcontratados están controlados a fin de prevenir posibles contaminaciones			
	Los proveedores prestadores del servicio conocen los requerimientos de inocuidad que deben de cumplir al entrar a las instalaciones.			
	Los proveedores son evaluados periódicamente.			
	Todos los ingresos de materiales y productos vienen acompañados con certificados de análisis o cumplimiento.			
	Se verifican los transportes antes efectuar las descargas.			
	Se verifican los marchamo, su estado y se cotejan			

Área	Actividad a verificar	C	NC	Observaciones
	contra los que reportan los documentos.			
	Se revisan las características y especificaciones de todos los materiales que ingresan a la organización.			
Medidas para prevenir la contaminación	Existe un análisis para verificar los peligros físicos, químicos y microbiológicos que puedan afectar el proceso y el producto.			
	Se observan mezclas de productos en áreas de almacén y proceso.			
	Después de cualquier actividad de mantenimiento los productos contaminados si los hubiere son descartados.			
	Existe un procedimiento para identificar, controlar y monitorear los vidrios y plásticos quebradizos.			
	Existe un procedimiento para identificar, controlar y monitorear las esquinas cortantes.			
	Hay un inventario de vidrio y plástico quebradizo.			
	Hay presencia de contaminantes físicos en paredes, pisos, estructuras colgantes, techo, lámparas.			
	Existe un programa de control de productos químicos			
	Se asegura la organización que los lados del material de empaque que tienen impresión no toque el producto ni las superficies de contacto comer producto.			
	Existen estudios que demuestren que la migración de tintas y solventes no llega al producto.			
	Lubricantes que puedan tener contacto ocasional con el producto son del grado adecuado.			
	Donde exista posible contaminación de alérgenos se toman las medidas preventivas.			
Limpieza	Existe un programa maestro de limpieza documentado y conocido por los responsables.			
	El programa de limpieza especifica: áreas son limpia, responsabilidades, métodos, frecuencia, monitoreo y verificación.			
	Hay registros que evidencien que la limpieza se ha efectuado.			
	Equipos y utensilios de limpieza están en buena condición.			
	Se asegura la organización que los utensilios de limpieza no sean una fuente de contaminación cruzada.			
	Los químicos de limpieza se almacenan según instrucciones del fabricante.			
	El programa de limpieza es evaluado en su efectividad.			
Control Integral de plagas	Existe un programa de control de plagas implementado en la organización.			
	Hay una evaluación anual del MIP.			
	El programa MIP incluye análisis e identificación de las fuentes de las plagas, métodos, cronogramas, procedimientos, evidencia de personal entrenado.			
	Si la compañía que proporciona el servicio tiene esta			

Área	Actividad a verificar	C	NC	Observaciones
	los permisos reglamentarios para poder operar.			
	Los químicos utilizados están aprobados por las entidades correspondientes.			
	Existen zonas que pudieran ser refugios para plagas.			
	Existe un diagrama general de donde están ubicadas las trampas para las plagas.			
	Puertas externa, ventanas, orificios de ventilación están diseñados para no ser entradas de plagas. Están en buena condición.			
	Existe un monitoreo periódico de las trampas. Están en buena condición. Este monitoreo está documentado.			
	Si se detectan plagas hay acciones correctivas documentadas para erradicarlas y su seguimiento.			
Higiene del personal y de las instalaciones	Hay instalaciones separadas para hombres y mujeres.			
	El número de instalaciones sanitarias está de acuerdo a lo exigido por la legislación local.			
	Las instalaciones sanitarias están ubicadas de tal manera que no ser una fuente potencial de contaminación.			
	Existe un área para cambio de ropa con sus casilleros para guardar artículos personales.			
	Los casilleros están limpios sin rastros de almacenamiento de alimentos.			
	Existe áreas designadas para consumir alimentos.			
	Si se preparan alimentos dentro de la organización, este debe tener los permisos correspondientes.			
	Hay señalización que indique las prohibiciones de cada área.			
	Hay un área específica para fumadores.			
	Existen depósitos de basura en las diferentes áreas. Están cerrados y en buen estado.			
	Se provee a los trabajadores de la vestimenta apropiada de trabajo y el número correcto de ellos.			
	Se observa personal enfermo trabajando en los procesos.			
	Si un trabajador se enferma o lesiona se retira de las instalaciones con permiso de su superior.			
	Existe una política que indique el buen comportamiento de los trabajadores dentro de las instalaciones.			
	Está prohibido el uso de joyas y objetos personales que puedan causar contaminación a los productos.			
	Existe toda una cultura del lavado de manos: antes y después de comer, al iniciar su trabajo o cuando sea necesario.			
Re Trabajos	Hay un área específica para realizar re trabajos.			
	Esta confinada o separada para evitar confusiones.			
	Se identifican correctamente los productos que han sufrido re trabajos.			
	En esta área están implementadas todas las medidas para prevenir contaminación.			

Área	Actividad a verificar	C	NC	Observaciones
	Existe información documentada de los productos que han sufrido re trabajos.			
Procedimientos de retiro de productos	Existe un programa documentado de retiro de productos.			
	Este programa es validado al menos 1 vez al año.			
	Hay un equipo de retiro de productos. Están definidos sus roles y responsabilidades.			
	Hay números telefónicos para contactar a los miembros del equipo, proveedores y clientes.			
	Existe evidencia documentada que el programa ha sido validado al menos 1 vez al año.			
Almacenamiento y transportes	Están confinados todos los materiales en los almacenes.			
	Hay mezclas de materiales, materia prima, productos intermedios y productos terminados.			
	Si los productos los requieren se llevan registros de temperatura y humedad.			
	Se observan productos en el piso sin tarimas.			
	Las tarimas son fumigadas o tienen tratamiento térmico.			
	Las áreas se ven libres de contaminación.			
	Todos los productos químicos y lubricantes se almacenan por separado.			
	Esta implementado un sistema de rotación de inventarios.			
	Existe una lista de verificación de los transportes.			
	Las tarimas son inspeccionadas antes de uso para asegurar que no son una fuente de contaminación.			
Información de los productos y comunicación con los clientes	La organización puede demostrar que cumple con todos los requerimientos y reglamentaciones.			
	Hay información necesaria para saber si el producto entregado a los clientes cumple su uso previsto.			
	Puede asegurar la organización que la información del producto está completa con todo lo requerido.			
	Se entregan certificados d cumplimiento por cada entrega de productos.			
	Cualquier cambio de especificación, métodos de producción, formas de embalaje, formulación, materias primas son informadas al cliente.			
Programa de defensa de los alimentos y bioterrorismo	Existe un programa documentado para la defensa de los alimentos.			
	Existe un equipo para proteger los alimentos			
	Existe una metodología paras saber si su producto ha sido adulterado o falsificado.			
	Existen registros de verificación de vulnerabilidades.			
	Hay acciones correctivas al detectarse vulnerabilidades.			
	Hay un procedimiento en sitio para manejar incidentes.			
	Se documentan todas las entradas y salidas de personas a las instalaciones.			
	La información confidencial se controla.			

Área	Actividad a verificar	C	NC	Observaciones
	Se tienen registros actualizados de todas las personas que trabajan, entran y salen de la organización.			
	Las áreas de producción y almacenamientos son aseguradas para evitar intrusos.			

Glosario.

APPCC:	Análisis de Peligros y Puntos Críticos de Control. Sistema preventivo de gestión de la inocuidad alimentaria de aplicación a toda la cadena alimentaria, desde la producción primaria a la distribución minorista.
BPM:	Buenas Prácticas de Manufactura.
CFR:	Código de Regulaciones Federales en los Estados Unidos de América.
Cordón Sanitario:	Cordón perimetral utilizado para el buen funcionamiento del manejo integral de plagas.
Curva Sanitaria:	Son aquellas que van donde las paredes forman una arista interior (esquina interior) es decir, en los pegues de dos paredes en ángulo o también de muro-piso, muro-muro y muro-plafón, con el fin de facilitar la limpieza y evitar la acumulación de bacterias o agentes que pueden producir virus patógenos.
Desperdicio Peligroso:	Residuo peligroso es todo material sólido, pastoso o líquido así como gaseoso contenido en recipientes, que siendo el resultado de un proceso de producción, transformación, utilización o consumo, se destine al abandono y contenga en su composición determinadas sustancias en cantidades o concentraciones tales que representen un riesgo para la salud humana, recursos naturales y medio ambiente.
FDA:	La Administración de Alimentos y Medicamentos (FDA o US FDA) es una agencia federal del Departamento de Salud y Servicios Humanos de los Estados Unidos, uno de los departamentos ejecutivos federales de los Estados Unidos. La FDA es responsable de proteger y promover la salud pública mediante el control y la supervisión de la seguridad alimentaria, productos de tabaco, suplementos dietéticos, medicamentos farmacéuticos recetados y de venta libre (medicamentos), vacunas, productos bio-farmacéuticos, transfusiones de sangre, dispositivos médicos, radiación electromagnética dispositivos emisores (ERED), cosméticos, alimentos y piensos para animales y productos veterinarios.
Lubricantes grado alimenticio:	Los lubricantes grado alimenticio son lubricantes aceptados para su empleo en equipos, aplicaciones y plantas procesadoras de carnes, aves y otros alimentos. Los tipos de lubricantes grado alimenticio se dividen en tres categorías basadas en la probabilidad de entrar en contacto con los alimentos. El USDA creó la designación original para grado alimenticio H1, H2 y H3, la cual es la terminología en uso.
MIP:	Programa Manejo Integral de Plagas.

Norma 3-A:	3-A Sanitary Standards, Inc., opera como una corporación independiente sin fines de lucro. Más de 360 compañías de Estados Unidos y otros 22 países de todo el mundo poseen autorización para mostrar el símbolo 3-A en diversos tipos de equipos para el procesamiento de alimentos.
OMS:	Organización Mundial de la Salud. Organismo de la Organización de las Naciones Unidas (ONU) especializado en gestionar políticas de prevención, promoción e intervención en salud a nivel mundial. Inicialmente fue organizada por el Consejo Económico y Social de las Naciones Unidas que impulsó la redacción de los primeros estatutos de la OMS.
PPR:	Programas Pre Requisitos exigidos por alguna norma o esquema. Programas que deben cumplirse obligatoriamente.
PPRO:	Programas Pre Requisitos Operacionales, surgen del análisis de peligros y suelen convertirse también en medidas de control sin llegar a ser puntos críticos de control.
COA:	Certificado de análisis.
DOC:	Declaración de conformidad.

Referencias.

- ISO TS 22002-1:2009 Programas Pre Requisitos en Seguridad Alimenticia – Fabricación de Alimentos.
- ISO TS 22002-4:2013 Programas Pre Requisitos en Seguridad Alimenticia – Fabricación de Empaques Alimenticios.

Sobre el autor.

CARLOS H HERNANDEZ, Ingeniero en Sistemas con experiencia en gerenciamiento de plantas industriales y de empaques primarios plásticos en las industrias de bebidas. Estudios de Post Grado en Administración de Empresas, Prevención de Riesgos y Administración de Proyectos. Amplia experiencia en consultoría e implementación de sistemas de gestión basados en Normas ISO, así como Auditor Líder para las normas ISO 9001, 14001, 22000 y OHSAS 18001, Miembro de organizaciones para el mejoramiento de la calidad y la competitividad, además de docente universitario y capacitador empresarial.

Otras Publicaciones.

- HACCP Conceptos Referencia Rápida 1era Ed Esp. 2017.
- Entendiendo La Norma ISO 9001:2015 1era Ed Esp. 2018.

www.ingramcontent.com/pod-product-compliance
Lightning Source LLC
Chambersburg PA
CBHW070926220526
45468CB00005B/1685